Détails

Nom:	
Entreprise:	
Téléphone:	
Téléphone:	
Email:	

AF354697

Détails de l'urgence:

| Nom: | | Nom: | |
| Entreprise: | | Entreprise: | |

Important:

Date: Jour: Lun   Mar   Mer   Jen   Ven   Sam   Dim

Entreprise:

Téléphone:

Heures perdues pour cause de mauvais temps	**Visiteurs**

Conditions météorologiques

AM	PM

Programme	**Problèmes/ Retards**
Date d'achèvement:	
Jours avant la date prévue:	
Jours de retard:	

Questions de sécurité	**Accidents/ Incidents**

Résumé des travaux effectués aujourd'hui

Signature: Nom:

Équipement sur le chantier de construction	Unités	Travailler	
		Oui	Non

Employé/ Contractant	Commerce	Heures contractuelles	Heures supplémentaires

Matériel livré	De et taux	Matériel loué	Unités

Notes

Date:		Jour:	Lun	Mar	Mer	Jen	Ven	Sam	Dim

Entreprise:

Téléphone:

Heures perdues pour cause de mauvais temps	Visiteurs

Conditions météorologiques

AM	PM

Programme	Problèmes/ Retards
Date d'achèvement:	
Jours avant la date prévue:	
Jours de retard:	

Questions de sécurité	Accidents/ Incidents

Résumé des travaux effectués aujourd'hui

Signature:	Nom:

Équipement sur le chantier de construction	Unités	Travailler	
		Oui	Non

Employé/Contractant	Commerce	Heures contractuelles	Heures supplémentaires

Matériel livré	De et taux	Matériel loué	Unités

Notes

| Date: | | Jour: | Lun | Mar | Mer | Jen | Ven | Sam | Dim |

Entreprise:

Téléphone:

Heures perdues pour cause de mauvais temps	Visiteurs

Conditions météorologiques

AM	PM

Programme	Problèmes/ Retards
Date d'achèvement:	
Jours avant la date prévue:	
Jours de retard:	

Questions de sécurité	Accidents/ Incidents

Résumé des travaux effectués aujourd'hui

Signature:	Nom:

Équipement sur le chantier de construction	Unités	Travailler	
		Oui	Non

Employé/ Contractant	Commerce	Heures contractuelles	Heures supplémentaires

Matériel livré	De et taux	Matériel loué	Unités

Notes

| Date: | | Jour: | Lun | Mar | Mer | Jen | Ven | Sam | Dim |

Entreprise:

Téléphone:

Heures perdues pour cause de mauvais temps	Visiteurs

Conditions météorologiques

AM	PM

Programme	Problèmes/ Retards
Date d'achèvement:	
Jours avant la date prévue:	
Jours de retard:	

Questions de sécurité	Accidents/ Incidents

Résumé des travaux effectués aujourd'hui

Signature:	Nom:

Équipement sur le chantier de construction	Unités	Travailler	
		Oui	Non

Employé/ Contractant	Commerce	Heures contractuelles	Heures supplémentaires

Matériel livré	De et taux	Matériel loué	Unités

Notes

| Date: | | Jour: | Lun | Mar | Mer | Jen | Ven | Sam | Dim |

Entreprise:

Téléphone:

Heures perdues pour cause de mauvais temps	Visiteurs

Conditions météorologiques

AM	PM

Programme	Problèmes/ Retards
Date d'achèvement:	
Jours avant la date prévue:	
Jours de retard:	

Questions de sécurité	Accidents/ Incidents

Résumé des travaux effectués aujourd'hui

Signature: | **Nom:**

Équipement sur le chantier de construction	Unités	Travailler	
		Oui	Non

Employé/ Contractant	Commerce	Heures contractuelles	Heures supplémentaires

Matériel livré	De et taux	Matériel loué	Unités

Notes

| Date: | | Jour: | Lun | Mar | Mer | Jen | Ven | Sam | Dim |

Entreprise:

Téléphone:

Heures perdues pour cause de mauvais temps	Visiteurs

Conditions météorologiques

AM	PM

Programme	Problèmes/ Retards
Date d'achèvement:	
Jours avant la date prévue:	
Jours de retard:	

Questions de sécurité	Accidents/ Incidents

Résumé des travaux effectués aujourd'hui

Signature:	Nom:

Équipement sur le chantier de construction	Unités	Travailler	
		Oui	Non

Employé/Contractant	Commerce	Heures contractuelles	Heures supplémentaires

Matériel livré	De et taux	Matériel loué	Unités

Notes

| Date: | | Jour: | Lun | Mar | Mer | Jen | Ven | Sam | Dim |

Entreprise:

Téléphone:

Heures perdues pour cause de mauvais temps	**Visiteurs**

Conditions météorologiques

AM	PM

Programme	**Problèmes/ Retards**
Date d'achèvement:	
Jours avant la date prévue:	
Jours de retard:	

Questions de sécurité	**Accidents/ Incidents**

Résumé des travaux effectués aujourd'hui

Signature:	Nom:

Équipement sur le chantier de construction	Unités	Travailler	
		Oui	Non

Employé/ Contractant	Commerce	Heures contractuelles	Heures supplémentaires

Matériel livré	De et taux	Matériel loué	Unités

Notes

| Date: | | Jour: | Lun | Mar | Mer | Jen | Ven | Sam | Dim |

Entreprise:

Téléphone:

Heures perdues pour cause de mauvais temps	**Visiteurs**

Conditions météorologiques

AM	PM

Programme	**Problèmes/ Retards**
Date d'achèvement:	
Jours avant la date prévue:	
Jours de retard:	

Questions de sécurité	**Accidents/ Incidents**

Résumé des travaux effectués aujourd'hui

Signature:

Nom:

Équipement sur le chantier de construction	Unités	Travailler	
		Oui	Non

Employé/ Contractant	Commerce	Heures contractuelles	Heures supplémentaires

Matériel livré	De et taux	Matériel loué	Unités

Notes

| Date: | | Jour: | Lun | Mar | Mer | Jen | Ven | Sam | Dim |

Entreprise:

Téléphone:

Heures perdues pour cause de mauvais temps

Visiteurs

Conditions météorologiques

AM	PM

Programme

Date d'achèvement:

Jours avant la date prévue:

Jours de retard:

Problèmes/ Retards

Questions de sécurité

Accidents/ Incidents

Résumé des travaux effectués aujourd'hui

Signature:

Nom:

Équipement sur le chantier de construction	Unités	Travailler	
		Oui	Non

Employé/ Contractant	Commerce	Heures contractuelles	Heures supplémentaires

Matériel livré	De et taux	Matériel loué	Unités

Notes

Date: Jour: Lun   Mar   Mer   Jen   Ven   Sam   Dim

Entreprise:

Téléphone:

Heures perdues pour cause de mauvais temps

Visiteurs

Conditions météorologiques

AM	PM

Programme

Date d'achèvement:

Jours avant la date prévue:

Jours de retard:

Problèmes/ Retards

Questions de sécurité

Accidents/ Incidents

Résumé des travaux effectués aujourd'hui

Signature:

Nom:

Équipement sur le chantier de construction	Unités	Travailler	
		Oui	Non

Employé/ Contractant	Commerce	Heures contractuelles	Heures supplémentaires

Matériel livré	De et taux	Matériel loué	Unités

Notes

Date:		Jour:	Lun	Mar	Mer	Jen	Ven	Sam	Dim

Entreprise:

Téléphone:

Heures perdues pour cause de mauvais temps	**Visiteurs**

Conditions météorologiques

AM	PM

Programme	**Problèmes/ Retards**
Date d'achèvement:	
Jours avant la date prévue:	
Jours de retard:	

Questions de sécurité	**Accidents/ Incidents**

Résumé des travaux effectués aujourd'hui

Signature:	Nom:

Équipement sur le chantier de construction	Unités	Travailler	
		Oui	Non

Employé/ Contractant	Commerce	Heures contractuelles	Heures supplémentaires

Matériel livré	De et taux	Matériel loué	Unités

Notes

Date:		Jour:	Lun	Mar	Mer	Jen	Ven	Sam	Dim

Entreprise:

Téléphone:

Heures perdues pour cause de mauvais temps	Visiteurs

Conditions météorologiques

AM	PM

Programme	Problèmes/ Retards
Date d'achèvement:	
Jours avant la date prévue:	
Jours de retard:	

Questions de sécurité	Accidents/ Incidents

Résumé des travaux effectués aujourd'hui

Signature:	Nom:

Équipement sur le chantier de construction	Unités	Travailler	
		Oui	Non

Employé/ Contractant	Commerce	Heures contractuelles	Heures supplémentaires

Matériel livré	De et taux	Matériel loué	Unités

Notes

Date:		Jour:	Lun Mar Mer Jen Ven Sam Dim

Entreprise:	
Téléphone:	

<table>
<tr><th colspan="2">Heures perdues pour cause
de mauvais temps</th><th>Visiteurs</th></tr>
<tr><td colspan="2"></td><td></td></tr>
<tr><td colspan="2"></td><td></td></tr>
<tr><td colspan="2"></td><td></td></tr>
</table>

Conditions météorologiques

AM	PM

Programme	Problèmes/ Retards
Date d'achèvement:	
Jours avant la date prévue:	
Jours de retard:	

Questions de sécurité	Accidents/ Incidents

Résumé des travaux effectués aujourd'hui

Signature:	Nom:

Équipement sur le chantier de construction	Unités	Travailler	
		Oui	Non

Employé/Contractant	Commerce	Heures contractuelles	Heures supplémentaires

Matériel livré	De et taux	Matériel loué	Unités

Notes

| Date: | | Jour: | Lun | Mar | Mer | Jen | Ven | Sam | Dim |

Entreprise:

Téléphone:

Heures perdues pour cause de mauvais temps	Visiteurs

Conditions météorologiques

AM	PM

Programme	Problèmes/ Retards
Date d'achèvement:	
Jours avant la date prévue:	
Jours de retard:	

Questions de sécurité	Accidents/ Incidents

Résumé des travaux effectués aujourd'hui

Signature:	Nom:

Équipement sur le chantier de construction	Unités	Travailler	
		Oui	Non

Employé/ Contractant	Commerce	Heures contractuelles	Heures supplémentaires

Matériel livré	De et taux	Matériel loué	Unités

Notes

| Date: | Jour: | Lun | Mar | Mer | Jen | Ven | Sam | Dim |

Entreprise:

Téléphone:

Heures perdues pour cause de mauvais temps	Visiteurs

Conditions météorologiques

AM	PM

Programme	Problèmes/ Retards
Date d'achèvement:	
Jours avant la date prévue:	
Jours de retard:	

Questions de sécurité	Accidents/ Incidents

Résumé des travaux effectués aujourd'hui

Signature:	Nom:

Équipement sur le chantier de construction	Unités	Travailler	
		Oui	Non

Employé/Contractant	Commerce	Heures contractuelles	Heures supplémentaires

Matériel livré	De et taux	Matériel loué	Unités

Notes

| Date: | | Jour: | Lun | Mar | Mer | Jen | Ven | Sam | Dim |

Entreprise:

Téléphone:

Heures perdues pour cause de mauvais temps	Visiteurs

Conditions météorologiques

AM	PM

Programme	Problèmes/ Retards
Date d'achèvement:	
Jours avant la date prévue:	
Jours de retard:	

Questions de sécurité	Accidents/ Incidents

Résumé des travaux effectués aujourd'hui

Signature:	Nom:

Équipement sur le chantier de construction	Unités	Travailler	
		Oui	Non

Employé/ Contractant	Commerce	Heures contractuelles	Heures supplémentaires

Matériel livré	De et taux	Matériel loué	Unités

Notes

Date:		Jour:	Lun	Mar	Mer	Jen	Ven	Sam	Dim

Entreprise:

Téléphone:

Heures perdues pour cause de mauvais temps	Visiteurs

Conditions météorologiques

AM	PM

Programme	Problèmes/ Retards
Date d'achèvement:	
Jours avant la date prévue:	
Jours de retard:	

Questions de sécurité	Accidents/ Incidents

Résumé des travaux effectués aujourd'hui

Signature: Nom:

Équipement sur le chantier de construction	Unités	Travailler	
		Oui	Non

Employé/ Contractant	Commerce	Heures contractuelles	Heures supplémentaires

Matériel livré	De et taux	Matériel loué	Unités

Notes

Date: Jour: Lun   Mar   Mer   Jen   Ven   Sam   Dim

Entreprise:

Téléphone:

Heures perdues pour cause de mauvais temps	Visiteurs

Conditions météorologiques

AM	PM

Programme	Problèmes/ Retards
Date d'achèvement:	
Jours avant la date prévue:	
Jours de retard:	

Questions de sécurité	Accidents/ Incidents

Résumé des travaux effectués aujourd'hui

Signature: Nom:

Équipement sur le chantier de construction	Unités	Travailler	
		Oui	Non

Employé/ Contractant	Commerce	Heures contractuelles	Heures supplémentaires

Matériel livré	De et taux	Matériel loué	Unités

Notes

| Date: | | Jour: | Lun | Mar | Mer | Jen | Ven | Sam | Dim |

Entreprise:

Téléphone:

Heures perdues pour cause de mauvais temps	**Visiteurs**

Conditions météorologiques

AM	PM

Programme	**Problèmes/ Retards**
Date d'achèvement:	
Jours avant la date prévue:	
Jours de retard:	

Questions de sécurité	**Accidents/ Incidents**

Résumé des travaux effectués aujourd'hui

Signature:	Nom:

Équipement sur le chantier de construction	Unités	Travailler	
		Oui	Non

Employé/ Contractant	Commerce	Heures contractuelles	Heures supplémentaires

Matériel livré	De et taux	Matériel loué	Unités

Notes

Date:		Jour:	Lun	Mar	Mer	Jen	Ven	Sam	Dim
Entreprise:									
Téléphone:									

Heures perdues pour cause de mauvais temps	Visiteurs

Conditions météorologiques

AM	PM

Programme	Problèmes/ Retards
Date d'achèvement:	
Jours avant la date prévue:	
Jours de retard:	

Questions de sécurité	Accidents/ Incidents

Résumé des travaux effectués aujourd'hui

Signature:	Nom:

Équipement sur le chantier de construction	Unités	Travailler	
		Oui	Non

Employé/ Contractant	Commerce	Heures contractuelles	Heures supplémentaires

Matériel livré	De et taux	Matériel loué	Unités

Notes

| Date: | | Jour: | Lun | Mar | Mer | Jen | Ven | Sam | Dim |

Entreprise:

Téléphone:

Heures perdues pour cause de mauvais temps	Visiteurs

Conditions météorologiques

AM	PM

Programme	Problèmes/ Retards
Date d'achèvement:	
Jours avant la date prévue:	
Jours de retard:	

Questions de sécurité	Accidents/ Incidents

Résumé des travaux effectués aujourd'hui

Signature:	Nom:

Équipement sur le chantier de construction	Unités	Travailler	
		Oui	Non

Employé/ Contractant	Commerce	Heures contractuelles	Heures supplémentaires

Matériel livré	De et taux	Matériel loué	Unités

Notes

| Date: | | Jour: | Lun | Mar | Mer | Jen | Ven | Sam | Dim |

Entreprise:

Téléphone:

Heures perdues pour cause de mauvais temps	Visiteurs

Conditions météorologiques

AM	PM

Programme	Problèmes/ Retards
Date d'achèvement:	
Jours avant la date prévue:	
Jours de retard:	

Questions de sécurité	Accidents/ Incidents

Résumé des travaux effectués aujourd'hui

Signature:	Nom:

Équipement sur le chantier de construction	Unités	Travailler	
		Oui	Non

Employé/ Contractant	Commerce	Heures contractuelles	Heures supplémentaires

Matériel livré	De et taux	Matériel loué	Unités

Notes

| Date: | | Jour: | Lun Mar Mer Jen Ven Sam Dim |

| Entreprise: | |

| Téléphone: | |

Heures perdues pour cause de mauvais temps

Visiteurs

Conditions météorologiques

AM	PM

Programme

Date d'achèvement:	
Jours avant la date prévue:	
Jours de retard:	

Problèmes/ Retards

Questions de sécurité

Accidents/ Incidents

Résumé des travaux effectués aujourd'hui

Signature:	Nom:

Équipement sur le chantier de construction	Unités	Travailler	
		Oui	Non

Employé/ Contractant	Commerce	Heures contractuelles	Heures supplémentaires

Matériel livré	De et taux	Matériel loué	Unités

Notes

Date:	Jour:	Lun Mar Mer Jen Ven Sam Dim

Entreprise:

Téléphone:

Heures perdues pour cause de mauvais temps

Visiteurs

Conditions météorologiques

AM	PM

Programme

Date d'achèvement:	
Jours avant la date prévue:	
Jours de retard:	

Problèmes/ Retards

Questions de sécurité

Accidents/ Incidents

Résumé des travaux effectués aujourd'hui

Signature:

Nom:

Équipement sur le chantier de construction	Unités	Travailler	
		Oui	Non

Employé/ Contractant	Commerce	Heures contractuelles	Heures supplémentaires

Matériel livré	De et taux	Matériel loué	Unités

Notes

Date:		Jour:	Lun	Mar	Mer	Jen	Ven	Sam	Dim

Entreprise:

Téléphone:

Heures perdues pour cause de mauvais temps	**Visiteurs**

Conditions météorologiques

AM	PM

Programme	**Problèmes/ Retards**
Date d'achèvement:	
Jours avant la date prévue:	
Jours de retard:	

Questions de sécurité	**Accidents/ Incidents**

Résumé des travaux effectués aujourd'hui

Signature:	Nom:

Équipement sur le chantier de construction	Unités	Travailler	
		Oui	Non

Employé/Contractant	Commerce	Heures contractuelles	Heures supplémentaires

Matériel livré	De et taux	Matériel loué	Unités

Notes

Date:	Jour:	Lun Mar Mer Jen Ven Sam Dim
Entreprise:		
Téléphone:		

Heures perdues pour cause de mauvais temps

Visiteurs

Conditions météorologiques

AM	PM

Programme	Problèmes/ Retards
Date d'achèvement:	
Jours avant la date prévue:	
Jours de retard:	

Questions de sécurité

Accidents/ Incidents

Résumé des travaux effectués aujourd'hui

Signature:	Nom:

Équipement sur le chantier de construction	Unités	Travailler	
		Oui	Non

Employé/Contractant	Commerce	Heures contractuelles	Heures supplémentaires

Matériel livré	De et taux	Matériel loué	Unités

Notes

| Date: | | Jour: | Lun | Mar | Mer | Jen | Ven | Sam | Dim |

Entreprise:

Téléphone:

Heures perdues pour cause de mauvais temps	Visiteurs

Conditions météorologiques

AM	PM

Programme	Problèmes/ Retards
Date d'achèvement:	
Jours avant la date prévue:	
Jours de retard:	

Questions de sécurité	Accidents/ Incidents

Résumé des travaux effectués aujourd'hui

Signature:

Nom:

Équipement sur le chantier de construction	Unités	Travailler	
		Oui	Non

Employé/ Contractant	Commerce	Heures contractuelles	Heures supplémentaires

Matériel livré	De et taux	Matériel loué	Unités

Notes

| Date: | | Jour: | Lun | Mar | Mer | Jen | Ven | Sam | Dim |

Entreprise:

Téléphone:

Heures perdues pour cause de mauvais temps	Visiteurs

Conditions météorologiques

AM	PM

Programme	Problèmes/ Retards
Date d'achèvement:	
Jours avant la date prévue:	
Jours de retard:	

Questions de sécurité	Accidents/ Incidents

Résumé des travaux effectués aujourd'hui

Signature:	Nom:

Équipement sur le chantier de construction	Unités	Travailler	
		Oui	Non

Employé/ Contractant	Commerce	Heures contractuelles	Heures supplémentaires

Matériel livré	De et taux	Matériel loué	Unités

Notes

| Date: | | Jour: | Lun | Mar | Mer | Jen | Ven | Sam | Dim |

Entreprise:

Téléphone:

Heures perdues pour cause de mauvais temps

Visiteurs

Conditions météorologiques

AM	PM

Programme

Date d'achèvement:

Jours avant la date prévue:

Jours de retard:

Problèmes/ Retards

Questions de sécurité

Accidents/ Incidents

Résumé des travaux effectués aujourd'hui

Signature:

Nom:

Équipement sur le chantier de construction	Unités	Travailler	
		Oui	Non

Employé/ Contractant	Commerce	Heures contractuelles	Heures supplémentaires

Matériel livré	De et taux	Matériel loué	Unités

| Date: | | Jour: | Lun | Mar | Mer | Jen | Ven | Sam | Dim |

Entreprise:

Téléphone:

Heures perdues pour cause de mauvais temps	Visiteurs

Conditions météorologiques

AM	PM

Programme	Problèmes/ Retards
Date d'achèvement:	
Jours avant la date prévue:	
Jours de retard:	

Questions de sécurité	Accidents/ Incidents

Résumé des travaux effectués aujourd'hui

Signature:	Nom:

Équipement sur le chantier de construction	Unités	Travailler	
		Oui	Non

Employé/ Contractant	Commerce	Heures contractuelles	Heures supplémentaires

Matériel livré	De et taux	Matériel loué	Unités

Notes

| Date: | | Jour: | Lun | Mar | Mer | Jen | Ven | Sam | Dim |

Entreprise:

Téléphone:

<table>
<tr><th colspan="2">Heures perdues pour cause de mauvais temps</th><th colspan="2">Visiteurs</th></tr>
<tr><td colspan="2"></td><td colspan="2"></td></tr>
</table>

Conditions météorologiques

AM	PM

Programme	Problèmes/ Retards
Date d'achèvement:	
Jours avant la date prévue:	
Jours de retard:	

Questions de sécurité	Accidents/ Incidents

Résumé des travaux effectués aujourd'hui

Signature:	Nom:

Équipement sur le chantier de construction	Unités	Travailler	
		Oui	Non

Employé/Contractant	Commerce	Heures contractuelles	Heures supplémentaires

Matériel livré	De et taux	Matériel loué	Unités

Notes

Date:	Jour:	Lun	Mar	Mer	Jen	Ven	Sam	Dim

Entreprise:

Téléphone:

Heures perdues pour cause de mauvais temps	**Visiteurs**

Conditions météorologiques

AM	PM

Programme	**Problèmes/ Retards**
Date d'achèvement:	
Jours avant la date prévue:	
Jours de retard:	

Questions de sécurité	**Accidents/ Incidents**

Résumé des travaux effectués aujourd'hui

Signature:	Nom:

Équipement sur le chantier de construction	Unités	Travailler	
		Oui	Non

Employé/ Contractant	Commerce	Heures contractuelles	Heures supplémentaires

Matériel livré	De et taux	Matériel loué	Unités

Notes

| Date: | | Jour: | Lun | Mar | Mer | Jen | Ven | Sam | Dim |

Entreprise:

Téléphone:

Heures perdues pour cause de mauvais temps

Visiteurs

Conditions météorologiques

AM	PM

Programme

Date d'achèvement:

Jours avant la date prévue:

Jours de retard:

Problèmes/ Retards

Questions de sécurité

Accidents/ Incidents

Résumé des travaux effectués aujourd'hui

Signature:

Nom:

Équipement sur le chantier de construction	Unités	Travailler	
		Oui	Non

Employé/Contractant	Commerce	Heures contractuelles	Heures supplémentaires

Matériel livré	De et taux	Matériel loué	Unités

Notes

Date: Jour: Lun   Mar   Mer   Jen   Ven   Sam   Dim

Entreprise:

Téléphone:

Heures perdues pour cause de mauvais temps	Visiteurs

Conditions météorologiques

AM	PM

Programme	Problèmes/ Retards
Date d'achèvement:	
Jours avant la date prévue:	
Jours de retard:	

Questions de sécurité	Accidents/ Incidents

Résumé des travaux effectués aujourd'hui

Signature: Nom:

Équipement sur le chantier de construction	Unités	Travailler	
		Oui	Non

Employé/ Contractant	Commerce	Heures contractuelles	Heures supplémentaires

Matériel livré	De et taux	Matériel loué	Unités

Notes

| Date: | Jour: | Lun | Mar | Mer | Jen | Ven | Sam | Dim |

Entreprise:

Téléphone:

Heures perdues pour cause de mauvais temps

Visiteurs

Conditions météorologiques

AM	PM

Programme

Date d'achèvement:	
Jours avant la date prévue:	
Jours de retard:	

Problèmes/ Retards

Questions de sécurité

Accidents/ Incidents

Résumé des travaux effectués aujourd'hui

Signature:

Nom:

Équipement sur le chantier de construction	Unités	Travailler	
		Oui	Non

Employé/Contractant	Commerce	Heures contractuelles	Heures supplémentaires

Matériel livré	De et taux	Matériel loué	Unités

Notes

| Date: | | Jour: | Lun | Mar | Mer | Jen | Ven | Sam | Dim |

Entreprise:

Téléphone:

Heures perdues pour cause de mauvais temps	Visiteurs

Conditions météorologiques

AM	PM

Programme	Problèmes/ Retards
Date d'achèvement:	
Jours avant la date prévue:	
Jours de retard:	

Questions de sécurité	Accidents/ Incidents

Résumé des travaux effectués aujourd'hui

Signature:	Nom:

Équipement sur le chantier de construction	Unités	Travailler	
		Oui	Non

Employé/ Contractant	Commerce	Heures contractuelles	Heures supplémentaires

Matériel livré	De et taux	Matériel loué	Unités

Notes

| Date: | | Jour: | Lun | Mar | Mer | Jen | Ven | Sam | Dim |

Entreprise:

Téléphone:

Heures perdues pour cause de mauvais temps	Visiteurs

Conditions météorologiques	
AM	PM

Programme		Problèmes/ Retards
Date d'achèvement:		
Jours avant la date prévue:		
Jours de retard:		

Questions de sécurité	Accidents/ Incidents

Résumé des travaux effectués aujourd'hui

Signature:	Nom:

Équipement sur le chantier de construction	Unités	Travailler	
		Oui	Non

Employé/ Contractant	Commerce	Heures contractuelles	Heures supplémentaires

Matériel livré	De et taux	Matériel loué	Unités

Notes

| Date: | | Jour: | Lun | Mar | Mer | Jen | Ven | Sam | Dim |

Entreprise:

Téléphone:

Heures perdues pour cause de mauvais temps	**Visiteurs**

Conditions météorologiques

AM	PM

Programme	**Problèmes/ Retards**
Date d'achèvement:	
Jours avant la date prévue:	
Jours de retard:	

Questions de sécurité	**Accidents/ Incidents**

Résumé des travaux effectués aujourd'hui

Signature:	Nom:

Équipement sur le chantier de construction	Unités	Travailler	
		Oui	Non

Employé/Contractant	Commerce	Heures contractuelles	Heures supplémentaires

Matériel livré	De et taux	Matériel loué	Unités

Notes

| Date: | | Jour: | Lun | Mar | Mer | Jen | Ven | Sam | Dim |

| Entreprise: |

| Téléphone: |

Heures perdues pour cause de mauvais temps	**Visiteurs**

Conditions météorologiques

AM	PM

Programme	**Problèmes/ Retards**
Date d'achèvement:	
Jours avant la date prévue:	
Jours de retard:	

Questions de sécurité	**Accidents/ Incidents**

Résumé des travaux effectués aujourd'hui

Signature:	Nom:

Équipement sur le chantier de construction	Unités	Travailler	
		Oui	Non

Employé/ Contractant	Commerce	Heures contractuelles	Heures supplémentaires

Matériel livré	De et taux	Matériel loué	Unités

Notes

Date:		Jour:	Lun	Mar	Mer	Jen	Ven	Sam	Dim
Entreprise:									
Téléphone:									

Heures perdues pour cause de mauvais temps

Visiteurs

Conditions météorologiques

AM	PM

Programme

Date d'achèvement:

Jours avant la date prévue:

Jours de retard:

Problèmes/ Retards

Questions de sécurité

Accidents/ Incidents

Résumé des travaux effectués aujourd'hui

Signature:

Nom:

Équipement sur le chantier de construction	Unités	Travailler	
		Oui	Non

Employé/Contractant	Commerce	Heures contractuelles	Heures supplémentaires

Matériel livré	De et taux	Matériel loué	Unités

Notes

Date:	Jour:	Lun Mar Mer Jen Ven Sam Dim

Entreprise:

Téléphone:

Heures perdues pour cause de mauvais temps	**Visiteurs**

Conditions météorologiques

AM	PM

Programme	**Problèmes/ Retards**
Date d'achèvement:	
Jours avant la date prévue:	
Jours de retard:	

Questions de sécurité	**Accidents/ Incidents**

Résumé des travaux effectués aujourd'hui

Signature:	Nom:

Équipement sur le chantier de construction	Unités	Travailler	
		Oui	Non

Employé/ Contractant	Commerce	Heures contractuelles	Heures supplémentaires

Matériel livré	De et taux	Matériel loué	Unités

Notes

Date:	Jour:	Lun Mar Mer Jen Ven Sam Dim

Entreprise:

Téléphone:

Heures perdues pour cause de mauvais temps	**Visiteurs**

Conditions météorologiques

AM	PM

Programme	**Problèmes/ Retards**
Date d'achèvement:	
Jours avant la date prévue:	
Jours de retard:	

Questions de sécurité	**Accidents/ Incidents**

Résumé des travaux effectués aujourd'hui

Signature:	Nom:

Équipement sur le chantier de construction	Unités	Travailler	
		Oui	Non

Employé/Contractant	Commerce	Heures contractuelles	Heures supplémentaires

Matériel livré	De et taux	Matériel loué	Unités

Notes

Date:	Jour:	Lun	Mar	Mer	Jen	Ven	Sam	Dim

Entreprise:

Téléphone:

Heures perdues pour cause de mauvais temps	**Visiteurs**

Conditions météorologiques

AM	PM

Programme	**Problèmes/ Retards**
Date d'achèvement:	
Jours avant la date prévue:	
Jours de retard:	

Questions de sécurité	**Accidents/ Incidents**

Résumé des travaux effectués aujourd'hui

Signature:	Nom:

Équipement sur le chantier de construction	Unités	Travailler	
		Oui	Non

Employé/ Contractant	Commerce	Heures contractuelles	Heures supplémentaires

Matériel livré	De et taux	Matériel loué	Unités

Notes

Date:		Jour:	Lun	Mar	Mer	Jen	Ven	Sam	Dim

Entreprise:

Téléphone:

Heures perdues pour cause de mauvais temps	Visiteurs

Conditions météorologiques	
AM	PM

Programme		Problèmes/ Retards
Date d'achèvement:		
Jours avant la date prévue:		
Jours de retard:		

Questions de sécurité	Accidents/ Incidents

Résumé des travaux effectués aujourd'hui

Signature:	Nom:

Équipement sur le chantier de construction	Unités	Travailler	
		Oui	Non

Employé/ Contractant	Commerce	Heures contractuelles	Heures supplémentaires

Matériel livré	De et taux	Matériel loué	Unités

Notes

| Date: | | Jour: | Lun | Mar | Mer | Jen | Ven | Sam | Dim |

Entreprise:

Téléphone:

Heures perdues pour cause de mauvais temps

Visiteurs

Conditions météorologiques

AM	PM

Programme

Date d'achèvement:

Jours avant la date prévue:

Jours de retard:

Problèmes/ Retards

Questions de sécurité

Accidents/ Incidents

Résumé des travaux effectués aujourd'hui

Signature:

Nom:

Équipement sur le chantier de construction	Unités	Travailler	
		Oui	Non

Employé/ Contractant	Commerce	Heures contractuelles	Heures supplémentaires

Matériel livré	De et taux	Matériel loué	Unités

Notes

Date: | Jour: Lun Mar Mer Jen Ven Sam Dim

Entreprise:

Téléphone:

<table>
<tr><td>Heures perdues pour cause de mauvais temps</td><td rowspan="2">Visiteurs</td></tr>
</table>

Heures perdues pour cause de mauvais temps | Visiteurs

Conditions météorologiques

AM	PM

Programme | Problèmes/ Retards

Date d'achèvement:	
Jours avant la date prévue:	
Jours de retard:	

Questions de sécurité | Accidents/ Incidents

Résumé des travaux effectués aujourd'hui

Signature: | Nom:

Équipement sur le chantier de construction	Unités	Travailler	
		Oui	Non

Employé/ Contractant	Commerce	Heures contractuelles	Heures supplémentaires

Matériel livré	De et taux	Matériel loué	Unités

Notes

Date:		Jour:	Lun	Mar	Mer	Jen	Ven	Sam	Dim
Entreprise:									
Téléphone:									

Heures perdues pour cause de mauvais temps

Visiteurs

Conditions météorologiques

AM	PM

Programme

Date d'achèvement:

Jours avant la date prévue:

Jours de retard:

Problèmes/ Retards

Questions de sécurité

Accidents/ Incidents

Résumé des travaux effectués aujourd'hui

Signature:

Nom:

Équipement sur le chantier de construction	Unités	Travailler	
		Oui	Non

Employé/ Contractant	Commerce	Heures contractuelles	Heures supplémentaires

Matériel livré	De et taux	Matériel loué	Unités

Notes

Date:		Jour:	Lun	Mar	Mer	Jen	Ven	Sam	Dim

Entreprise:

Téléphone:

Heures perdues pour cause de mauvais temps	**Visiteurs**

Conditions météorologiques

AM	PM

Programme	**Problèmes/ Retards**
Date d'achèvement:	
Jours avant la date prévue:	
Jours de retard:	

Questions de sécurité	**Accidents/ Incidents**

Résumé des travaux effectués aujourd'hui

Signature:	Nom:

Équipement sur le chantier de construction	Unités	Travailler	
		Oui	Non

Employé/ Contractant	Commerce	Heures contractuelles	Heures supplémentaires

Matériel livré	De et taux	Matériel loué	Unités

Notes

Date: Jour: Lun   Mar   Mer   Jen   Ven   Sam   Dim

Entreprise:

Téléphone:

Heures perdues pour cause de mauvais temps	Visiteurs

Conditions météorologiques

AM	PM

Programme	Problèmes/ Retards
Date d'achèvement:	
Jours avant la date prévue:	
Jours de retard:	

Questions de sécurité	Accidents/ Incidents

Résumé des travaux effectués aujourd'hui

Signature: Nom:

Équipement sur le chantier de construction	Unités	Travailler	
		Oui	Non

Employé/ Contractant	Commerce	Heures contractuelles	Heures supplémentaires

Matériel livré	De et taux	Matériel loué	Unités

Notes

| Date: | Jour: | Lun | Mar | Mer | Jen | Ven | Sam | Dim |

Entreprise:

Téléphone:

Heures perdues pour cause de mauvais temps

Visiteurs

Conditions météorologiques

AM	PM

Programme

Date d'achèvement:	
Jours avant la date prévue:	
Jours de retard:	

Problèmes/ Retards

Questions de sécurité

Accidents/ Incidents

Résumé des travaux effectués aujourd'hui

Signature:

Nom:

Équipement sur le chantier de construction	Unités	Travailler	
		Oui	Non

Employé/ Contractant	Commerce	Heures contractuelles	Heures supplémentaires

Matériel livré	De et taux	Matériel loué	Unités

Notes

| Date: | | Jour: | Lun | Mar | Mer | Jen | Ven | Sam | Dim |

Entreprise:

Téléphone:

Heures perdues pour cause de mauvais temps	**Visiteurs**

Conditions météorologiques

AM	PM

Programme	**Problèmes/ Retards**
Date d'achèvement:	
Jours avant la date prévue:	
Jours de retard:	

Questions de sécurité	**Accidents/ Incidents**

Résumé des travaux effectués aujourd'hui

Signature:

Nom:

Équipement sur le chantier de construction	Unités	Travailler	
		Oui	Non

Employé/ Contractant	Commerce	Heures contractuelles	Heures supplémentaires

Matériel livré	De et taux	Matériel loué	Unités

Notes

Date: Jour: Lun   Mar   Mer   Jen   Ven   Sam   Dim

Entreprise:

Téléphone:

Heures perdues pour cause de mauvais temps	Visiteurs

Conditions météorologiques

AM	PM

Programme	Problèmes/ Retards
Date d'achèvement:	
Jours avant la date prévue:	
Jours de retard:	

Questions de sécurité	Accidents/ Incidents

Résumé des travaux effectués aujourd'hui

Signature: Nom:

Équipement sur le chantier de construction	Unités	Travailler	
		Oui	Non

Employé/ Contractant	Commerce	Heures contractuelles	Heures supplémentaires

Matériel livré	De et taux	Matériel loué	Unités

Notes

Date:		Jour:	Lun	Mar	Mer	Jen	Ven	Sam	Dim

Entreprise:

Téléphone:

Heures perdues pour cause de mauvais temps	**Visiteurs**

Conditions météorologiques

AM	PM

Programme	**Problèmes/ Retards**
Date d'achèvement:	
Jours avant la date prévue:	
Jours de retard:	

Questions de sécurité	**Accidents/ Incidents**

Résumé des travaux effectués aujourd'hui

Signature:	Nom:

Équipement sur le chantier de construction	Unités	Travailler	
		Oui	Non

Employé/ Contractant	Commerce	Heures contractuelles	Heures supplémentaires

Matériel livré	De et taux	Matériel loué	Unités

Notes

| Date: | | Jour: | Lun | Mar | Mer | Jen | Ven | Sam | Dim |

Entreprise:

Téléphone:

Heures perdues pour cause de mauvais temps	**Visiteurs**

Conditions météorologiques

AM	PM

Programme	**Problèmes/ Retards**
Date d'achèvement:	
Jours avant la date prévue:	
Jours de retard:	

Questions de sécurité	**Accidents/ Incidents**

Résumé des travaux effectués aujourd'hui

Signature:	Nom:

Équipement sur le chantier de construction	Unités	Travailler	
		Oui	Non

Employé/Contractant	Commerce	Heures contractuelles	Heures supplémentaires

Matériel livré	De et taux	Matériel loué	Unités

Notes

Date: | Jour: | Lun | Mar | Mer | Jen | Ven | Sam | Dim

Entreprise:

Téléphone:

Heures perdues pour cause de mauvais temps	**Visiteurs**

Conditions météorologiques

AM	PM

Programme	**Problèmes/ Retards**
Date d'achèvement:	
Jours avant la date prévue:	
Jours de retard:	

Questions de sécurité	**Accidents/ Incidents**

Résumé des travaux effectués aujourd'hui

Signature:

Nom:

Équipement sur le chantier de construction	Unités	Travailler	
		Oui	Non

Employé/Contractant	Commerce	Heures contractuelles	Heures supplémentaires

Matériel livré	De et taux	Matériel loué	Unités

Notes

| Date: | | Jour: | Lun | Mar | Mer | Jen | Ven | Sam | Dim |

Entreprise:

Téléphone:

Heures perdues pour cause de mauvais temps	Visiteurs

Conditions météorologiques

AM	PM

Programme	Problèmes/ Retards
Date d'achèvement:	
Jours avant la date prévue:	
Jours de retard:	

Questions de sécurité	Accidents/ Incidents

Résumé des travaux effectués aujourd'hui

Signature:	Nom:

Équipement sur le chantier de construction	Unités	Travailler	
		Oui	Non

Employé/ Contractant	Commerce	Heures contractuelles	Heures supplémentaires

Matériel livré	De et taux	Matériel loué	Unités

Notes

| Date: | | Jour: | Lun | Mar | Mer | Jen | Ven | Sam | Dim |

Entreprise:

Téléphone:

Heures perdues pour cause de mauvais temps

Visiteurs

Conditions météorologiques

AM	PM

Programme

Date d'achèvement:

Jours avant la date prévue:

Jours de retard:

Problèmes/ Retards

Questions de sécurité

Accidents/ Incidents

Résumé des travaux effectués aujourd'hui

Signature:

Nom:

Équipement sur le chantier de construction	Unités	Travailler	
		Oui	Non

Employé/ Contractant	Commerce	Heures contractuelles	Heures supplémentaires

Matériel livré	De et taux	Matériel loué	Unités

Notes

Date:		Jour:	Lun	Mar	Mer	Jen	Ven	Sam	Dim

Entreprise:

Téléphone:

Heures perdues pour cause de mauvais temps	Visiteurs

Conditions météorologiques

AM	PM

Programme	Problèmes/ Retards
Date d'achèvement:	
Jours avant la date prévue:	
Jours de retard:	

Questions de sécurité	Accidents/ Incidents

Résumé des travaux effectués aujourd'hui

Signature:	Nom:

Équipement sur le chantier de construction	Unités	Travailler	
		Oui	Non

Employé/ Contractant	Commerce	Heures contractuelles	Heures supplémentaires

Matériel livré	De et taux	Matériel loué	Unités

Notes

| Date: | | Jour: | Lun | Mar | Mer | Jen | Ven | Sam | Dim |

Entreprise:

Téléphone:

Heures perdues pour cause de mauvais temps	Visiteurs

Conditions météorologiques

AM	PM

Programme	Problèmes/ Retards
Date d'achèvement:	
Jours avant la date prévue:	
Jours de retard:	

Questions de sécurité	Accidents/ Incidents

Résumé des travaux effectués aujourd'hui

Signature:	Nom:

Équipement sur le chantier de construction	Unités	Travailler	
		Oui	Non

Employé/ Contractant	Commerce	Heures contractuelles	Heures supplémentaires

Matériel livré	De et taux	Matériel loué	Unités

Notes